JN084201

緑の国の物語

アイルランド ソングブック

奈加靖子

愛育出版

第1章

季節はめぐり　たどりついた愛のかたち

The Last Rose of Summer
夏の名残りの薔薇

アイルランドは、ヨーロッパの西の果てに浮かぶ小さな島です。この国を旅していつも感じるのは、「よく来たね、ここにこうしているだけでいいんだよ」とあたたかく語りかけてくれる、目に見えない存在です。写真に残したくても決して残せない自然の美しさ、人々の慎ましさと優しさ。そんな国の歌は、明治時代初期に日本にやってきました。

私が初めてこの国の歌を聞いたのは10歳の時。メロディーにこめられたメッセージが、私の心に飛びこんできました。それは物悲しくもあり、儚くもあり、美しく、力強く、そして逞しい。子どもながらに何か特別なものを感じました。

アイルランドの詩人トーマス・ムーア（1779〜1852年）が、一輪の薔薇の花に彼自身の孤独な晩年を重ね、愛する仲間たちのいない世界に暮らすことは、なんと切ないことだろうと、その寂しさを書きました。

この歌は1876年（明治9年）賛美歌として日本で初めて紹介され、その後、1884年（明治17年）に里見義が、薔薇を白菊に置き換えた日本語詞を書き、「庭の千草」として広く歌われるようになりました。道端に咲く野花にも哀愁を感じる日本人の心に、この歌に描かれている一輪の薔薇は、咲き誇る見事な薔薇ではなく、まるで野菊のような身近な花に感じたのかもしれません。

薔薇の花言葉は、色によってさまざまです。赤は「愛・情熱」、白は「純潔」……。

トーマス・ムーアが夏の終わりに見た一輪の薔薇は、どんな色をしていたのでしょうか。

The Last Rose of Summer

It's the last rose of summer
Left blooming alone;
All her lovely companions
Are faded and gone;
No flower of her kindred,
No rosebud is near,
To reflect back her blushes,
Or give sigh for sigh.

I'll not leave you, you lone one,
To pine on the stem;
Since the lovely are sleeping,
Go, sleep you with them.
Thus kindly I'll scatter
Your leaves o'er the bed,
Where your mates of the garden
Lie scentless and dead.

So soon may I follow,
When friendships decay,
And from love's shining circle
The gems drop away.
When true hearts lie withered
And fond ones are flown,
Oh! who would inhabit
This bleak world alone?

夏の名残りの薔薇

夏の最後の薔薇の花
たった一輪咲いている
愛しい仲間たちは 皆
枯れ果ててしまった
仲間の花も蕾もなく
ただ ため息をつくばかり

私は見捨てはしない
茎のてっぺんで枯れてゆくあなたを
仲間は皆 眠っているのだから
共に眠るとよいだろう
あなたのベッドの上に
葉や花びらをやさしくまいてあげよう
愛しい仲間たちが枯れて香りを失っている
その場所に

私もすぐに あなたを追いかけるだろう
友情が消え失せ
光り輝く愛の輪から 宝石がこぼれ落ち
愛しい人たちがこの世を去ってしまったら
希望のないこの冷たい世界に
誰が一人で生きてゆけるだろうか

※この歌詞は、私が子どもの頃から
　歌い馴染んできたバージョンです

Believe Me,
If All Those Endearing Young Charms
春の日の花と輝く

　アイルランドの詩人トーマス・ムーアが1808年に書いたこの詩は、妻にあてて書いたラブソングとも言われています。天然痘を患っていた彼女へ、永遠に変わることのない愛を語り聞かせています。

　日本では、昭和初期に堀内敬三が日本語詞を書き、「春の日の花と輝く」として歌われるようになりました。またこのメロディーは、賛美歌やアメリカのハーバード大学の卒業式の歌にも使われています。

　「耳なし芳一」などの怪談話を書いた小泉八雲（ラフカディオ・ハーン　1850〜1904年）は、父親がアイルランド人、母親がギリシャ人で、2歳の時にダブリンへ移住しました。程なくして両親が離婚。その寂しさの中、乳母からアイルランドの妖精話をたくさん聞いて育った体験は、後の作品作りに大きな影響を与えたと言われています。そんな八雲の作品「ひまわり」の中に、大切な人との思い出として、この歌が登場します。清らかで慈愛に満ちたこの歌に、八雲が想う人は誰なのでしょう。

　大地に根を張り、太陽に向かって枝を伸ばす「Tree of Life　生命の木」。冬に葉が落ちても、春には新しい若葉が生まれます。年を重ねるにつれ年輪ができ、外へ外へと成長する樹木。昔から、日本でも、アイルランドでも、樹木に生命を感じてきました。何百年も生きてきた樹木に出会うと、謙虚な気持ちになります。そして、そっと手をかざし、生きる知恵と勇気を分け与えてもらうと、私の中に新しい芽が生まれるのを感じます。

Believe Me,
If All Those Endearing Young Charms

Believe me, if all those endearing young charms,
Which I gaze on so fondly today,
Were to change by tomorrow and fleet in my arms,
Like fairy-gifts fading away,
Thou wouldst still be adored as this moment thou art,
Let thy loveliness fade as it will;
And around the dear ruin each wish of my heart
Would entwine itself verdantly still.

It is not while beauty and youth are thine own,
And thy cheeks unprofaned by a tear,
That the fervor and faith of a soul can be known,
To which time will but make thee more dear!
Oh, the heart that has truly loved, never forgets,
But as truly loves on to the close;
As the sunflower turns on her god when he sets,
The same look that she turned when he rose.

春の日の花と輝く

どうぞ私を信じてください
人の心をとらえる　若き日の輝きは
妖精がくれた贈り物のように
明日には消えてなくなるのだ
今　この時に
君のその美しさが　消えゆくことになろうとも
私の愛は変わることなく
青い蔦のように絡みながら　君を守り続ける

美しさと若さが続くあいだ
そして涙が　君の頬を濡らさぬあいだは
魂の情熱と誠実を　知ることはないだろう
過ぎゆく時間が　君への想いを深くさせる
いつわりのない私の心は　忘れることなく
最後の時を迎えるまで　君を愛し続ける
太陽の光を恋慕う
向日葵のように

Down By The Salley Gardens
サリー・ガーデン

　年上の女性に恋をしてしまった青年の、若くてほろ苦い失恋の思いが綴られています。サリーとは、柳のこと。昔の人々は生活の道具を柳から作っていたので、村の周辺に柳を植えていました。その柳の庭で逢瀬を重ねた恋は、残念ながら実りませんでした。

　この歌は、ある村の老農婦が口ずさんでいたものを詩人で劇作家のウィリアム・バトラー・イェイツ（1865〜1939年）が書きとめ、手を加えたものです。

　1923年にノーベル文学賞を受賞したイェイツは、アイルランドの文芸復興を促した人で、彼はアイルランド北西部スライゴーの自然や伝承をテーマにした作品を数多く残し、それらは今でも大切に読み継がれています。

　アイルランドはイェイツ以外にも、作家や詩人を多く輩出しています。ジョナサン・スウィフト『ガリバー旅行記』、オスカー・ワイルド『幸福な王子』は、子どもの頃に読んだ人も多いことでしょう。他にもジェイムズ・ジョイス『ユリシーズ』、サミュエル・ベケット『ゴドーを待ちながら』、ジョージ・バーナード・ショー、詩人のシェイマス・ヒーニーなどがいます。

　「音楽は国境を越える」と言いますが、音楽には「時を越え、記憶を蘇らせる力」もあると思います。過ぎ去った日の自分に再会し、心ときめいたり、大切なことを思い出したり、苦しくなったり、涙を流したり……。音楽を作った人の想いに自分の出来事や想いが重なり、時を経て、その人だけの特別な関係が生まれるのです。

Down By The Salley Gardens

Down by the salley gardens my love and I did meet;
She passed the salley gardens with little snow-white feet.
She bid me take love easy, as the leaves grow on the tree;
But I, being young and foolish, with her did not agree.

In a field down by the river my love and I did stand,
And on my leaning shoulder she laid her snow-white hand.
She bid me take life easy, as the grass grows on the weirs;
But I was young and foolish, and now am full of tears.

サリー・ガーデン

柳の庭を通り抜けた場所で
僕は愛しい人と出逢った
彼女は雪のような白い足で
柳の庭をするりと通り抜けた
彼女は僕にささやいた
「葉が茂っていくように
気楽に愛を楽しみましょう」
けれども、若くて愚かな僕には
理解することはできなかった

川の岸辺で
僕は愛しい人と立っていた
彼女は雪のような白い手を
僕の肩の上に置いた
彼女は僕にささやいた
「堤防に草が生えていくように
気楽に人生を楽しみましょう」
けれども、僕は若くて愚かだった
そして今、涙に暮れている

9

Molly Malone

モリー・マローン

　首都ダブリンの中心部に、手押し車を押す女性の銅像があります。1988年、ダブリン市千周年を祝うために作られたモリー・マローン像です。この銅像は観光客に大変人気で、17世紀の衣装を身にまとった彼女と一緒に写真を撮ろうとする人でいつもにぎわっています。

　魚売りの行商をしていたモリー・マローンは熱病にかかり亡くなってしまいますが、彼女は幽霊となって今でも魚を売り歩いていると歌っているところが、実にアイルランドらしいと思います。6月13日を「モリー・マローンの命日」と定め、この歌は非公式ながらダブリン市民の歌としても親しまれています。

　モリー・マローンのような人生を歩んだ人は、きっと大勢いたことでしょう。懸命に生きた名もなき人の人生がこの歌にこめられているように感じます。

　ゆったり歌えば、彼女の人生を語っているようですし、テンポよく歌えば、パブに集う人々とグラスを掲げほろ酔い気分を楽しむこともできます。

　パブとは、パブリックハウスのことで、アイルランド人にとってこの場所は、お酒を飲むだけではなく、友人とのおしゃべりや音楽を楽しんだりする、いわばリビングのようなところです。そこで演奏される伝統音楽は、楽譜を使わず、口と耳によって人から人へと伝えられてきた音楽で、気取った感じはまったくありません。黒ビールのギネスを片手にのんびりくつろぐ大人から、小さな子どもまで、老若男女を問わず、誰もがそれぞれの時間を楽しんでいます。

Molly Malone

In Dublin's fair city,
Where the girls are so pretty,
I first set my eyes on sweet Molly Malone,
As she wheeled her wheel-barrow,
Through streets broad and narrow,
Crying, "Cockles and mussels, alive, alive, oh!"

"Alive, alive, oh alive, alive, oh,"
Crying "Cockles and mussels, alive, alive, oh"

She was a fishmonger,
But sure 'twas no wonder,
For so were her father and mother before,
They both wheeled their barrow,
Through streets broad and narrow,
Crying, "Cockles and mussels, alive, alive, oh!"

She died of a fever,
And no one could save her,
And that was the end of sweet Molly Malone.
Now her ghost wheels her barrow,
Through streets broad and narrow,
Crying, "Cockles and mussels, alive, alive, oh!"

モリー・マローン

ダブリンは素敵な街　可愛い少女が住む街
僕はそこでモリー・マローンに出会った
彼女は手押し車を押しながら
広い通り　狭い路地を売り歩く
「新鮮な貝はいかが？　採れたてだよ！」
と掛け声をかけながら

「ザル貝にムール貝　活きがいいよ！　採れたてだよ！」
と掛け声をかけながら

モリーは魚売り　それは当然のこと
なぜなら　父さんも母さんも魚売りだったから
手押し車を押しながら
広い通り　狭い路地を売り歩く
「新鮮な貝はいかが？　採れたてだよ！」
と掛け声をかけながら

ある日彼女は熱病で亡くなった
誰も彼女を救えなかった
それが可愛いモリーの最期だった
でも今、彼女の魂が手押し車を押す
広い通り　狭い路地を
「新鮮な貝はいかが？　採れたてだよ！」
と掛け声をかけながら

第2章

この空の下で　あなたを想うとき

Danny Boy

ダニー・ボーイ

　バグパイプの哀愁をおびた音色は、戦いへの召集の合図。戦地に向かう息子への想いを
こめたこの歌は、多くの人に愛されています。

　この歌の作詞者のフレデリック・エドワード・ウェザリー（1848〜1929年）は、イング
ランド出身の弁護士であり、著名な作曲家でした。1910年、彼は「ダニー・ボーイ」の歌
詞に曲を付けて発表しましたが、さっぱり売れませんでした。

　2年後、アメリカに移住していた義理の妹からウェザリーの元に楽譜が送られてきまし
た。それは北アイルランドで採集され、アメリカに伝わった「ロンドンデリー・エア」と
いうアイルランド民謡の旋律でした。ウェザリーは、この旋律に、あのダニー・ボーイの
歌詞がぴったり合うのではないかと思いました。そのひらめきは当たり、1913年に発表し
た新生「ダニー・ボーイ」は多くの人に歌われるようになりました。

　ロンドンデリー・エアの旋律には100以上の歌詞が付けられたそうで、それだけ人の心
をひきつける力を秘めた素晴らしい旋律だと言えるでしょう。

　歌に登場する「バグパイプ」は、ヨーロッパ各地にさまざまなものが存在しています。
この楽器を演奏するには、まずバッグに空気を溜め、それに圧力をかけてリードの付いた
パイプに空気を送り、音を奏でます。スコットランドのパイプは、口から空気を送りこみ
ますが、アイルランドのパイプは、ひじの下にかかえたふいごで空気を送ります。そうい
うことから、アイルランドのバグパイプは「イリアンパイプス」と呼ばれています。「イリ
アン」とは、アイルランド語で「ひじ」の意味です。

Danny Boy

Oh, Danny boy, the pipes, the pipes are calling
From glen to glen, and down the mountain side.
The summer's gone, and all the roses falling,
It's you, it's you must go and I must bide.
But come you back when summer's in the meadow,
Or when the valley's hushed and white with snow,
It's I'll be here in sunshine or in shadow,
Oh, Danny boy, oh, Danny boy, I love you so.

But when you come, and all the flowers are dying,
If I am dead, as dead I well may be,
You'll come and find the place where I am lying,
And kneel and say an Ave there for me.
And I shall hear, though soft you tread above me,
And all my grave will warmer, sweeter be,
For you will bend and tell me that you love me,
And I shall sleep in peace until you come to me.

ダニー・ボーイ

愛しいダニーよ、バグパイプの音がお前を呼んでいる
谷から谷へ　そして山の斜面を越えて
夏が過ぎ去り、薔薇の花がすべて散ってしまったら
お前はここから旅立ってしまう
お前の帰りは　牧草地に夏が来る頃だろうか
それとも谷が静まり　雪に覆われる頃だろうか
日差しの中　暗闇の中
いつでも私はお前の帰りを待っているよ

けれどお前が帰ってきた時　花々は枯れ果て
私も天に召されているかもしれない
その時は私が眠る場所で
ひざまずき　祈っておくれ
私の上を歩くお前の足音と祈りの言葉が届いた時
私はどれほど温かく幸せな思いに包まれるだろうか
お前の帰るその日まで
私はここで静かに眠り続けているよ

15

That's An Irish Lullaby
アイルランドの子守唄

　世界中にはたくさんの子守唄があります。赤ん坊を寝かしつけたり、あやしたりする他に、悪魔から赤ん坊を守るという意味もあるそうです。

　アイルランドには「取り替え子・チェンジリング」というお話があります。妖精が、可愛くて健康な人間の赤ん坊を連れ去り、その代わりに虚弱な自分の子どもを置いていくというものです。

　この歌は1913年にアメリカで発表されました。それなのになぜ「アイルランドの子守唄」というタイトルなのでしょう。作詞・作曲したジェームズ・ロイス・シャノン（1881〜1946年）、そして、この歌をヒットさせたチョーンシー・オルコットはアイルランド系アメリカ人でした。彼らが祖先から受け継いだアイルランド人の血が、この歌を作らせたのかもしれません。後に、映画「我が道を往く」（1944年公開）の中でビング・クロスビーが歌い、ミリオンセラーとなりましたが、彼もまたアイルランド系アメリカ人でした。

　歌に出てくる「キラーニー」は、古くから観光地として栄えている南西部にある都市の名前です。広大な湖や豊かな森があり、自然のままの生態系を保護する美しい場所です。

　アイルランドの歌には「喜びのうた」「悲しみのうた」、そして「子守唄」の三種類があるんだよと、アイルランド人の先生から聞いたことがあります。日本でも、世界中の国々でも、子守唄は数多くあって、歌詞にはそれぞれの特色が表れていると思います。どの歌を誰が歌うにしろ、歌い手と聞き手の距離が一番近いのは子守唄ではないでしょうか。

That's An Irish Lullaby

Over in Killarney,

Many years ago,

Me Mither sang a song to me

In tones so sweet and low.

Just a simple little ditty,

In her good ould Irish way,

And I'd give the world if she could sing

That song to me this day.

"Too-ra-loo-ra-loo-ral, Too-ra-loo-ra-li,

Too-ra-loo-ra-loo-ral, hush now, don't you cry!

Too-ra-loo-ra-loo-ral, Too-ra-loo-ra-li,

Too-ra-loo-ra-loo-ral, that's an Irish lullaby."

Oft, in dreams, I wander

To that cot again,

I feel her arms a huggin' me

As when she held me then.

And I hear her voice a hummin'

To me as in days of yore,

When she used to rock me fast asleep

Outside the cabin door.

アイルランドの子守唄

遠い昔

キラーニーで

母さんが歌ってくれたんだ

それは僕を優しく包み込むような声だった

短くてシンプルなメロディの

古き良きアイルランドの歌だった

母さんのあの歌がもう一度聞けるなら

僕は他には何もいらない

トゥーラ　ルーラ　ルラー　トゥーラ　ルーラ　ライ

トゥーラ　ルーラ　ルラー　可愛い坊や　ねぇ泣かないで

トゥーラ　ルーラ　ルラー　トゥーラ　ルーラ　ライ

トゥーラ　ルーラ　ルラー　これがアイルランドの子守唄

よく夢に見るんだ　揺り籠で眠っている僕を

母さんは腕の中へと抱き上げる

今でも覚えているよ

優しく僕を抱きしめてくれるんだ

そして母さんは子守唄を口ずさむ

遥か遠い日に

僕を寝かしつけようと揺らしながら

小屋の外で歌ってくれた　あの歌を

An Mhaighdean Mhara
人魚の唄

　アイルランドは「妖精の島」とも呼ばれています。5世紀、キリスト教の布教により、古代からこの島で暮らしていた神々が妖精に姿を変え、地下に潜ったと伝えられているからです。

　今でもアイルランドの人々にとって、妖精はとても身近な存在です。家の庭には、小さなドールハウスの様な「妖精の家」をよく見かけますし、「妖精に注意！」なんていう標識もあります。日常で起こる不思議なことを「妖精の仕業だね」と言ったり、妖精たちのことを「グッドピープル」と呼んだりして大切にしています。

　一番の人気者は「レプラコーン」。妖精の靴を修理する靴屋さんで、稼いだお金を壺に入れて虹の麓に埋めているのだそうです。

　アイルランドも海に囲まれた国だからでしょうか、日本の「羽衣伝説」によく似たお話があります。海辺で休んでいた人魚に一目惚れした男は、海に帰れないように人魚のショールを隠し、人魚を自分の妻にしました。その後、子どもを授かりますが、ある日、子どもたちがそのショールを見つけてしまい、愛する子どもたちへ想いを残しながら、人魚は海へ帰ることを選びます。

　アイルランドの第一公用語は、ゲール語の一つであるアイルランド語です。長年イギリスの植民地だったので多くの人は英語を使って生活していますが、この独特で美しい響きを持つアイルランド語には、遠い昔のアイルランド人の考え方や感じ方が残されています。

An Mhaighdean Mhara　　　　　　　　　　人魚の唄

Is cosúil gur mheath tú nó gur thréig tú an greann　　あなたは疲れ果て　生きる喜びを失っているよう
Tá an sneachta go freasach fá bhéal na mbeann'　　山の麓に　冷たい雪が降り積もる
Do chúl buí daite is do bhéilín sámh　　黄金色に輝く髪　優しい微笑み
Siúd chugaibh Mary Chinidh　　あなたにあげよう
'S í 'ndiaidh an Éirne 'shnámh　　この海を渡ってきたメアリ・ヒニーを

A mháithrín mhilis duirt Máire Bhán　　大好きなお母さん　娘のモイラは叫ぶ
Fá bhruach an chladaigh 's fá bhéal na trá　　海辺から　岸辺から
Maighdean mhara, mo mhaithrín ard　　人魚よ　私の大切なお母さん
Siúd chugaibh Mary Chinidh　　あなたにあげよう
'S í 'ndiaidh an Éirne 'shnámh　　この海を渡ってきたメアリ・ヒニーを

Tá mise tuirseach agus beidh go lá　　私はとても疲れてしまったの
Mo Mháire bhroinngheal 's mo Phádraig bán　　モイラとポードリック　私の愛しい子どもたち
Ar bharr na dtonna 's fá bhéal na trá　　海原にいる時も　岸辺にいる時も　想っているわ
Siúd chugaibh Mary Chinidh　　あなたにあげよう
'S í 'ndiaidh an Éirne 'shnámh　　この海を渡ってきたメアリ・ヒニーを

Eleanor Plunkett
エレノア・プランケット

　アイルランドの国の紋章は、アイリッシュハープです。楽器を国の紋章に描いているのは世界中でアイルランドだけ。それほどアイルランドにとってハープは特別な存在なのです。

　その昔、吟遊詩人たちがハープを携え、国中を旅し、行く先々で物語やニュース、戦場の様子などをハープの音色にのせて語っていました。その頃の詩人は、社会の中でとても高い地位にあり、旅先では丁寧なもてなしを受けていたと言われています。

　アイルランド最後の吟遊詩人として愛されているのが、ターロック・オキャロラン（1670～1738年）です。彼は18歳の時に天然痘を患い失明し、そこからハープ奏者としての修行を始めますが、演奏よりも作曲の才能が優れていました。200曲以上の美しい曲を書き残しましたが、パトロンに捧げられた曲がいくつもあり、その相手がどのような人物だったのかを想像するのも、曲の楽しみ方の一つです。歌詞の付いた曲もありますが、現在ではメロディーだけが演奏されています。

　このエレノア・プランケットは、まさにその名前の夫人に捧げられた曲で、オキャロランが作曲した中で最も美しい曲とも言われています。楽譜を見て気付く人もいると思いますが、この曲は中途半端な終わり方をしています。終わりそうで終わらない、それはまるで夫人へのあふれる想いを表しているかのようで、いつまでもいつまでも演奏を続けたくなる、不思議な魅力を持ったメロディーです。

※付属ＣＤではアレンジを加えています

新しい朝　ハシバミの木を囲んで

Isle of Hope, Isle of Tears
希望の島・涙の島

　アイルランドからアメリカへ、移民として海を渡った人が大勢いました。それは17世紀から始まり、イギリスによるアイルランド支配が強まるにつれ増えていきました。映画「タイタニック」（1997年公開）で描かれていたタイタニック号三等客室にも、100名以上のアイルランド人が乗船していました。

　この移民が爆発的に増えた出来事があります。歴史上、「ジャガイモ大飢饉」と呼ばれるもので、アイルランド人の主食であったジャガイモが疫病により収穫ができず、それに加えチフスや赤痢が流行り、1845年から1849年の間に約100万人が亡くなり、約100万人が国外へ移民していきました。

　その後もさまざまな理由から、アメリカへの移民は止まりませんでした。そんな中、1892年1月1日に移民入国手続きを行う移民局がアメリカ・ニューヨーク港のエリス島にできましたが、この島に最初に降り立ったのは、アイルランドのコーブ港からやってきた少女アニー・ムーアでした。先にアメリカに渡っていた両親と暮らすため、二人の弟と一緒に大西洋を渡ってきたアニーは、フランス人男性の計らいで列の先頭を譲ってもらい、そのおかげで移民第1号の記念金貨を手にすることができました。

　アイルランド神話には、「ティル・ナ・ノーグ」という永遠に歳を取らない常若の国が度々登場し、その理想郷は西の果てにあるとされていました。祖国を追われ、不安と僅かな希望を胸に抱き、大西洋の西の果てにあるアメリカを目指したアイルランドの人々に、「自由の女神像」はどのように見えていたのでしょうか。

Isle of Hope, Isle of Tears

On the first day on January,
Eighteen ninety-two,
They opened Ellis Island
And they let the people through.
And the first to cross the threshold
Of that isle of hope and tears,
Was Annie Moore from Ireland
Who was all of fifteen years.

Isle of hope, isle of tears,
Isle of freedom, isle of fears,
But it's not the isle you left behind.
That isle of hunger, isle of pain,
Isle you'll never see again
But the isle of home is always on your mind.

In a little bag she carried
All her past and history,
And her dreams for the future
In the land of liberty.
And courage is the passport
When your old world disappears
But there's no future in the past
When you're fifteen years.

When they closed down Ellis Island
In nineteen forty-three,
Seventeen million people
Had come there for sanctuary.
And in springtime when I came here
And I stepped onto it's piers,
I thought of how it must have been
When you're fifteen years.

希望の島・涙の島

1892年1月1日
エリス島移民局が開局し　人々を受け入れた
希望と涙の島の敷居を　1番最初にまたいだのは
アイルランドからやって来た
たった15歳のアニー・ムーアだった

希望と涙と自由　そして不安の島
でもここは　君が離れたあの島ではない
あそこは空腹と痛みの島　二度と帰ることはない
けれど故郷は　君の心の中に　いつもある

その小さな鞄には
彼女のすべての過去と　自由を夢見る未来が入っていた
故郷を離れた今　パスポートは勇気だけ
過去には未来はない
だって彼女は　まだ15歳なのだから

1943年　エリス島移民局が閉局した
1700万人がここを通り　自由を手に入れた
ある春の日　私はこの桟橋で彼女を想った
あの時わずか15歳だった　アニー・ムーアを

ISLE OF HOPE, ISLE OF TEARS
Words & Music by Brenda Joseph Graham
©by PEERMUSIC (UK) LTD
International copyright secured. All rights reserved.
Rights for Japan administered by PEERMUSIC K.K.

The Harp That Once Through Tara's Halls
タラの館のハープ

　首都ダブリンの北西に「タラの丘」と呼ばれる場所があります。ここは太古の昔、王の選出や即位の儀式が行われ、政治や宗教的に大変重要な場所でした。

　現在では、かつての面影はなく、羊が草を喰む緑豊かな大地が広がっています。晴れた日に、この360度ぐるりと見渡せるなだらかな丘に立つと、国土の70％を見ることができるそうです。まさにアイルランドの中心に立っている、そんな気分になります。

　移民として海を渡ったアイルランド人にとって、このタラは聖地であり、心の支えであり、故郷を思い出す土地の名前でした。映画「風と共に去りぬ」の主人公スカーレット・オハラが暮らす土地の名前が「タラ」なのは、スカーレットの父親がアイルランドからやってきた移民だったからです。

　タラの丘の館では、朝から晩まで人々の心を魅了する美しいハープの音色が響いていたことでしょう。11世紀に活躍したアイルランド王の名前が付けられた「ブライアン・ボルーのハープ」は現存する最古のアイリッシュハープ（14世紀頃製作）で、国宝としてダブリンのトリニティ・カレッジに所蔵されています。

　昔のハープは柳の木と真鍮の弦で作られ、魔法の力があるとされていましたが、もちろんこのハープも柳の木で作られていて、真鍮の弦は29本。現在私たちはトリニティ・カレッジの図書館で見ることができますが、この歌のように、夜になると誰もいない図書館で、ひとり静かに古のメロディーを奏でているかもしれません。

The Harp That Once Through Tara's Halls

The harp that once through Tara's halls
The soul of music shed,
Now hangs as mute on Tara's walls,
As if that soul were fled.
So sleeps the pride of former days,
So glory's thrill is o'er,
And hearts that once beat high for praise,
Now feel that pulse no more.

No more to chiefs and ladies bright,
The harp of Tara swells;
The chord alone that breaks at night,
Its tale of ruin tells.
Thus freedom now so seldom wakes,
The only throb she gives
Is when some heart indignant breaks,
To show that still she lives.

タラの館のハープ

タラの館に響く　ハープの音色
それは音楽の魂
しかし今　静かに館の壁に吊るされている
まるで魂が抜けてしまったように
かつての誇りは眠り
輝かしい日々はここにはない
もてはやされた鼓動を
聞くことはない

王様も貴婦人も　今はいない
ハープの音色は泉のように溢れ出す
夜になれば　タラのハープはひとり静かに
終わりの物語を語り始める
かつての自由は　もう来ない
ハープの鼓動が再び動き出す
やり場のない怒りによって
まだ生きていることを示すために

The Dear Little Shamrock
親愛なるシャムロック

　アイルランドの国の花は、シャムロック。日本で馴染みのあるクローバーとは違って、もっと小さな三つ葉の植物です。5世紀にキリスト教を布教するためにアイルランドへやってきた聖パトリック（387?〜461年）が、三位一体を説いた際にこのシャムロックを使ったと言われています。

　それまでアイルランドでは、太陽と大地に宿る自然の神々を崇拝するドルイド教を信仰していましたが、聖パトリックはアイルランド人の伝統と宗教を理解した上で布教活動を行いました。そのおかげで人々は、自然な形でキリスト教を受け入れることができたのです。アイルランドで見かける十字架は「ケルティッククロス」と呼ばれ、ドルイド教の太陽とキリスト教の十字架を組み合わせた形をしています。

　聖パトリックはアイルランドの守護聖人となり、彼の命日の3月17日であるアイルランドの祝祭日「セント・パトリックス・デー」には、アイルランド系移民の多いアメリカをはじめ、世界中でパレードが行われるようになりました。パレードに参加する人々は、シャムロックを胸に飾ったり、緑色のものを身に付けたりします。

　また、沿道でパレードを楽しむ人も同様で、パレードに関わるすべての人の、どこか誇らしげな表情が印象的です。一年を通してこの国の至るところで目にするシャムロックの緑色は、アイルランドのシンボルカラーなのです。

　そのシャムロックを讃える歌があります。トラッドソングには珍しく、メロディーに工夫があり、特別な思いを感じます。

The Dear Little Shamrock

There's a dear little plant that grows in our isle,
'Twas Saint Patrick himself sure that set it;
And the sun on his labour with pleasure did smile,
And with dew from his eye often wet it.
It shines thro' the bog, thro' the brake,
Thro' the mireland,
And he call'd it the dear little shamrock of Ireland.

The dear little shamrock, the sweet little shamrock,
The dear little, sweet little shamrock of Ireland.

That dear little plant still grows in our land,
Fresh and fair as the daughters of Erin,
Whose smiles can bewitch,
And whose eyes can command,
In each climate they ever appear in.
For they shine thro' the bog, thro' the brake,
Thro' the mireland,
Just like their own dear little shamrock of Ireland.

That dear little plant that springs from our soil,
When its three little leaves are extended,
Denotes from the stalk we together should toil,
And ourselves by ourselves be befriended.
And still thro' the bog, thro' the brake,
Thro' the mireland,
From one root should branch,
Like the shamrock of Ireland.

親愛なるシャムロック

可愛い小さな植物を
聖パトリック様がこの地に与えてくださった
彼の働きに　太陽は喜び微笑み
彼の流す涙は　大地を潤した
その植物は泥炭地　シダの草むら
沼地の上を広がり続け
やがてアイルランドのシャムロックと名付けられた

親愛なるシャムロック　可愛いシャムロック
小さくて愛しい　アイルランドのシャムロック

可愛い小さな植物は
アイルランド中に広がった
それは若くて美しいアイルランドの娘のように
人々を魅了し
どんな土地でも育っていった
その植物は泥炭地　シダの草むら
沼地の上を広がり続ける
まるでアイルランドのシャムロックのように

可愛い小さな植物は
どんどん育っていった
３つの葉が繋がるように
働くものを繋ぎ、互いに助け合う絆を生んだ
それは泥炭地　シダの草むら
沼地の上を広がり続け
根を張り、枝を伸ばした
まるでアイルランドのシャムロックのように

National Anthem　Amhrán na bhFiann
アイルランド国歌 〜兵士の歌〜

　アイルランドは、近くを流れるメキシコ湾暖流のおかげで、年間を通して穏やかな気候です。一日に何度もシャワーと呼ばれる霧雨のような雨が、降ったりやんだりするので、大地が常に潤い、草木が枯れることなく青々と生い茂っていることから、別名「エメラルドの島」と呼ばれています。雨上がりの空にかかる虹の下で新鮮な牧草を食べる牛や羊たちは、美味しい恵みを私たちにもたらしてくれます。

　12世紀からおよそ800年にもおよぶ長い間、アイルランドはイギリスの支配下にありました。19世紀の自治権獲得運動は失敗に終わりましたが、1916年のイースター蜂起をきっかけに独立戦争が始まり、1922年にアイルランド自由国が成立、1949年正式にイギリスからの独立を果たしました。

　この歌の元は、1912年にアイリッシュ・フリーダム誌に掲載された「兵士の歌」という愛国歌で、イースター蜂起の戦いの中、兵士たちによって歌われていました。その後、コーラス部分が国歌として採用されました。

　アイルランドの国旗は、緑「カトリック教徒」、オレンジ「プロテスタント教徒」、白「異なる伝統を持つ人々の互いを尊重し合う友情と平和」を表しています。

　日本ではアイルランドのことを「愛蘭土」という美しい漢字を使って表記します。省略する時は「愛」となり、まさに、愛あふれる国に相応しいものとなります。

National Anthem   Amhrán na bhFiann

Sinne Fianna Fáil, atá faoi gheall ag Éirinn,

Buíon dár slua thar toinn do ráinig chugainn,

Faoi mhóid bheith saor,

Seantír ár sinsear feasta,

Ní fhágfar faoin tíorán ná faoin tráill.

Anocht a théam sa bhearna bhaoil,

Le gean ar Ghaeil, chun báis nó saoil,

Le gunna-scréach faoi lámhach na bpiléar,

Seo libh canaig' amhrán na bhFiann.

アイルランド国歌　〜兵士の歌〜

我らはアイルランドに命を捧げる兵士

海の向こうから来た者もいる

古代から続く土地を奪われた我らは

自由を勝ち取ることを誓う

祖国の地に暴虐な君主や奴隷は要らない

今宵　戦う

喜びも　悲しみも　全てはアイルランドのために

大砲や銃声が鳴り響く中で

我らは歌う　兵士の歌を

奈加靖子（なか・やすこ）

福岡市生まれ。歌手、アイリッシュハープ奏者。
アイルランドの伝承歌を日本に紹介する活動を行っている。アイルランド大使館をはじめ、ラジオ、病院、公共のイベントなどに数多く出演。かつての吟遊詩人を思わせるアイリッシュハープを奏でながら歌うスタイルは、アイルランドにおいても珍しい存在。アイルランド語での歌唱にも力を入れている。
日本ケルト協会会員。シャムロック会会員。元宝塚歌劇団花組。
公式ホームページ　www.yasukonaka.com

緑の国の物語　アイルランド ソングブック

2021年11月10日　　初版第1刷発行

文・訳詞　奈加靖子
絵　　　　柏木リエ

CD制作
歌・アイリッシュハープ　奈加靖子
ピアノ　　　　　　　　　永田雅代
録音　　　　　　　　　　塙一郎

編集　　平松利津子
デザイン　村上史恵

制作　　株式会社アスワン・エンタテインメント
協力　　アイルランド大使館　大野光子　渡辺洋子　小泉凡　小泉祥子　松井ゆみ子　山下直子　Festus Jennings
　　　　(有)ユア六本木（宇田川晴義　宇田川愛子）　本田清豪　池田一臣

発行人　伊東英夫
発行所　愛育出版
　　　　〒116-0014　東京都荒川区東日暮里5-6-7　サニーハイツ
　　　　電話 03-5604-9431　FAX 03-5604-9430
印刷所　国宗

©Yasuko Naka　©Rie Kashiwagi 2021 Printed in Japan

ISBN 978-4-909080-60-8　C0773

JASRAC 出版課許諾番号　2107045-101
ISLE OF HOPE, ISLE OF TEARS
Words & Music by Brenda Joseph Graham
©by PEERMUSIC (UK) LTD
International copyright secured. All rights reserved. Rights for Japan administered by PEERMUSIC K.K.

本書の無断複写・複製・転載を禁じます。乱丁、落丁本はお取り換えいたします。